곤충과
친구하기

gogo! **체험학습**

나는 자연이 좋다 ❹ 곤충과 친구하기

초판인쇄_2007년 12월 7일 | **초판발행**_2007년 12월 15일

글_박해철 | **그림**_김윤경 | **캐릭터**_김상민

책임편집_정혜경 윤석기 최윤미 | **디자인**_이현정

펴낸이_강병선 | **펴낸곳**_(주)문학동네 | **출판등록**_1993년 10월 22일 제406-2003-000045호

주소_413-756 경기도 파주시 교하읍 문발리 파주출판도시 513-8

전화_(031)955-8888 | **팩스**_(031)955-8855

전자우편_kids@munhak.com | **홈페이지**_www.kids.munhak.com

카페_cafe.naver.com/kidsmunhak

ISBN_978-89-546-0437-6 64000 | **ISBN**_978-89-546-0223-5 64000(세트)

이 도서의 국립중앙도서관 출판시도서목록(CIP)은 e-CIP홈페이지(http://www.nl.go.kr/ecip)에서 이용하실 수 있습니다.
(CIP제어번호: CIP2007003498)

곤충과 친구하기

글 박해철 | 그림 김윤경

go go! 체험학습

나는 자연이 좋다 ④

문학동네

곤충 친구를 만나 자연과 대화해 보세요

걷는 법을 익혔을 때 엄마 아빠와 손을 잡고 공원에 나갔다가 개미떼를 만난 적이 있나요? 저희 작은딸은 개미떼를 보자마자 마구 밟는 시늉을 했어요. 제가 깜짝 놀라서 막아섰습니다. 그래도 특유의 아가 말로 개미가 나쁘다는 거예요. 왜 그런가 했더니 작은딸은 엄마 아빠와 떨어져 시골의 할머니 댁에서 산 적이 있었는데 할머니는 손녀에게 혹시 해가 될까 봐 방 안에 들어온 개미를 죽였답니다. 아이는 그 때 기억으로 개미를 나쁜 것으로 받아들였던 것이지요.

이렇게 곤충처럼 자연에 사는 생물을 만날 때는 자기 경험에 앞서 어떤 인상을 먼저 받았는가가 매우 중요하답니다. 엄마와 아빠의 경험이나 생각은 어린이의 생각과 경험으로 옮겨가기 쉽습니다. 여러분은 곤충에 대해서 어떤 경험이나 생각을 갖고 계신가요? 혹시 부정적인 생각을 갖고 있다면 마음을 열고 책을 펴시기 바랍니다.

수많은 곤충들 중에서 우리를 괴롭히는 해로운 종류는 아주 적은 숫자입니다. 대부분의 곤충은 자연에서 식물의 꽃가루받이를 해 주고, 나무와 동물이

썩어 가는 것을 분해해 자연으로 돌리는 역할을 합니다. 즉, 자연의 세계가 끊임없이 움직이게 하는 보이지 않는 역할을 곤충이 한답니다. 또한 우리는 누에나방과 꿀벌에게서 옷을 만드는 실과 맛있는 꿀을 얻고 있어요. 컴퓨터도 없고, 장난감도 없던 옛날의 아이들은 곤충을 친구 삼아 놀기도 했답니다.

곤충은 여러 단계의 성장 변화를 거치면서 자라므로 형태가 다양하게 바뀌고, 종류도 다채로워 우리들의 호기심을 자극합니다. 또한 매우 작은 것들이 많아서 곤충을 찾으려면 끈기가 있어야 하고, 제 맘대로 마구 움직이므로 관찰하려면 참을성도 있어야 한답니다. 그렇기 때문에 곤충을 관찰하다 보면 다른 친구들보다 과학적 호기심이 더욱 늘어나고 집중력도 좋아지게 마련이지요. 곤충은 우리에게 공부하는 자세를 가르쳐 줄 뿐만 아니라 엄마 아빠, 그리고 할머니와 할아버지 때부터 내려온 자연의 문화를 몸으로 받아들이게 하는 가장 좋은 자연의 친구랍니다.

덥거나 추운 날씨라도 아주 열심히 곤충 친구들을 사귀어 보시기 바랍니다.

2007년 11월
박해철

차례

현장
활동

go go! 1

곤충 지식을 충전하자

1. 누가 누가 곤충일까?

알고 있는 곤충을 손가락으로 꼽아 보세요. 잠자리, 무당벌레, 나비, 꿀벌, 모기……. 한 열 가지쯤 생각해 냈나요? 곤충은 우리 나라에만 1만 종이 넘게 사는데, 우린 조금밖에 알지 못해요. 그러나 곤충을 만나겠다고 무작정 나가 보면 곤충의 몸이 작아서 잘 찾을 수도 없을 뿐더러 누가 누군지 헷갈리고 맙니다. 먼저 곤충에 대해 조금 알아본 뒤에 자연으로 나가 보아요.

곤충의 몸은 머리, 가슴, 배의 세 부분으로 나뉘고, 다리는 세 쌍에 날개가 두 쌍입니다. 동물 분류에 따르면 절지동물에 속하지요.

대부분의 동물과 달리 알에서 나와 자라는 동안 애벌레나 번데기 등의 과

동물의 75%가 곤충?

전 세계에 알려진 곤충만 100만 종이 넘습니다. 전체 동물 가운데 4분의 3 정도를 차지하는 셈이지요. 하늘, 땅, 물 속, 산과 들, 사막, 극지방, 심지어 도시 한복판까지 곤충은 어디에나 살고 있습니다. 이처럼 곤충의 종류와 수가 가장 많은 비결은 몸이 작고, 환경에 잘 적응하며, 대체로 단단한 외골격을 지니고 있기 때문입니다. 우리 나라에는 약 5만 종의 곤충이 살 것이라고 학자들은 말합니다. 하지만 지금껏 연구되어 이름이 붙은 곤충은 약 1만 2천 종 정도뿐이죠.

정을 거쳐 몸의 형태가 완전히 달라지면서 어른이 되기 때문에 한 곤충에서도 다양한 모습의 곤충을 관찰할 수가 있습니다.

2. 곤충의 몸

다 자라 어른벌레가 된 곤충을 보면 어디가 머리이고, 가슴이고, 배인지 구별이 쉬운 곤충도 있고, 그렇지 않은 곤충도 있어요. 또 일개미처럼 날개가 완전히 퇴화된 곤충도 있지요.

아래 사진에서 곤충을 모두 찾아보세요.

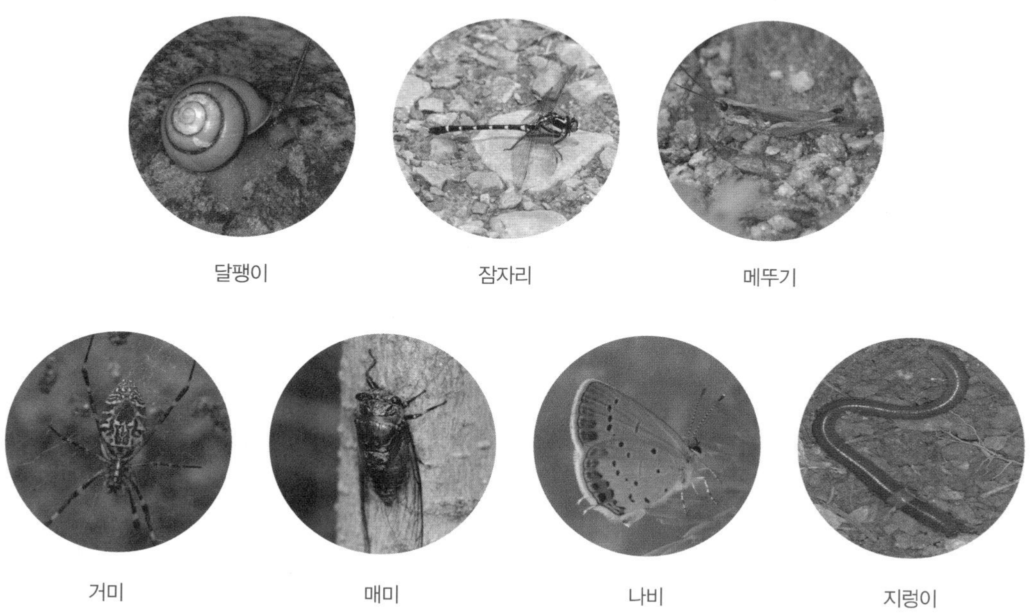

정답_ 잠자리, 메뚜기, 매미, 나비

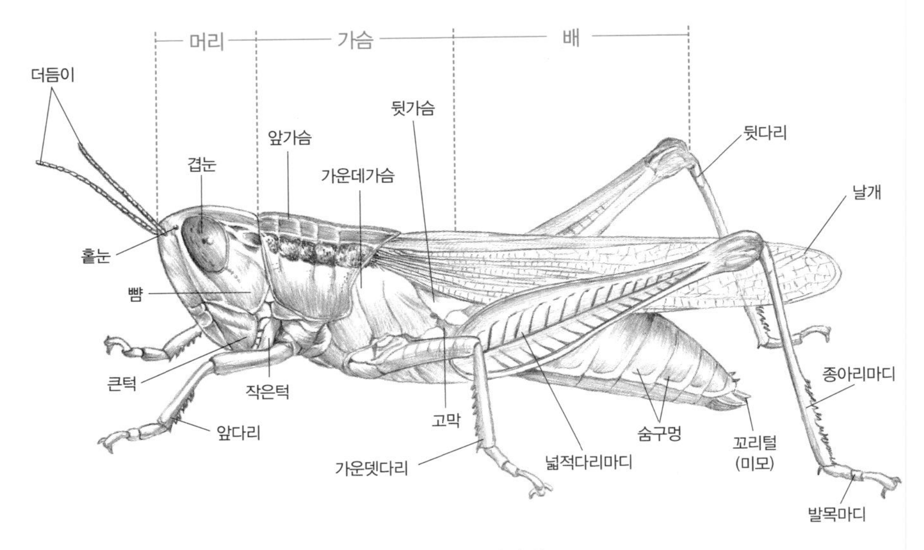

곤충의 생김새

곤충의 머리

곤충도 우리처럼 눈도 있고, 입도 있습니다. 그렇지만 곤충의 눈은 겹눈이라고 해서 한 개의 눈알이 아니라 수천 개에서 수만 개의 눈들이 연결되어 큰 눈을 만들죠. 겹눈 말고 한 개의 눈알로 된 조그마한 홑눈을 1~3개 갖고 있는 경우도 많이 볼 수 있습니다. 귀와 코처럼 생긴 것은 없는 대신에 더듬이로 냄새를 맡고 소리를 비롯한 미세한 진동을 느낍니다. 더듬이는 머리에 달린 레이더 장치라 할 수 있지요. 음식을 씹는 곤충의 큰턱은 뺨 아래 좌우에 달려 있어 박수치듯이 좌우로 움직입니다. 우리의 턱이 위아래로 움직이는 것과는 사뭇 다르답니다.

곤충의 가슴

머리와 배를 연결하는 가슴에는 곤충을 움직이게 하는 다리와 날개가 모두 달려 있어요. 가슴은 앞가슴, 가운데가슴, 뒷가슴 세 부분으로 나뉘고 앞가슴에는 앞다리가, 가운데가슴에는 가운뎃다리, 그리고 뒷가슴엔 뒷다리가 나왔죠. 그렇다면 두 쌍의 날개는 어디에서 나올까요? 바로 가운데가슴에 앞날개가 나고, 뒷날개는 뒷가슴에서 나온답니다.

곤충 다리는 언제나 여섯 개입니다. 곤충의 날개는 가슴의 피부가 늘어나 생긴 것으로 새처럼 다리가 변형된 것이 아니랍니다.

곤충의 배

여러 마디로 된 단순한 통처럼 보이지만, 배 마디마다 양옆에 숨구멍이 있습니다. 그 숨구멍으로 호흡을 하는 것이지요. 배의 마지막 마디에는 꼬리털이 있는 경우가 많으며, 배 끝에는 오줌과 똥을 내보내는 배설기관과 짝을 지을 때 쓰는 생식기가 있습니다.

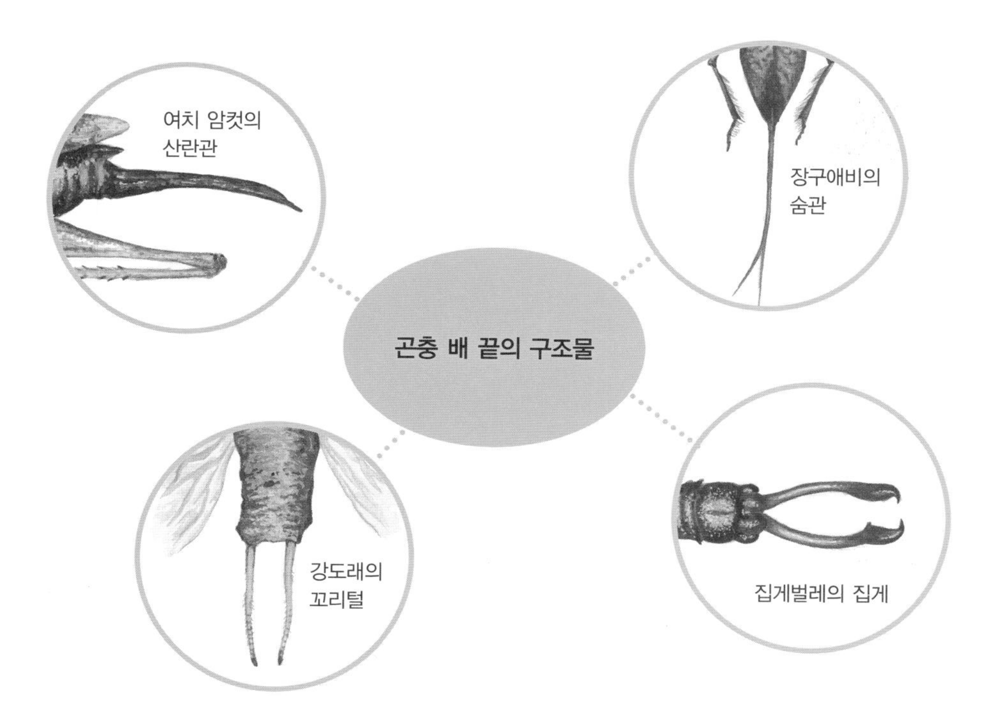

3. 생김새만 봐도 쓰임새를 알 수 있다

모든 곤충의 다리가 여섯 개인 것처럼, 곤충이라면 꼭 갖추고 있는 공통점이 있는 반면 무리마다 그 생김새가 변화된 것이 있습니다. 특히 구조는 같았지만 곤충마다 행동 방식이 달라서 모양이 달라진 것들이 많아요. 그래서 곤충을 많이 관찰하다 보면 다리, 날개, 털 등의 모양만 보고도 쓰임새를 추측할 수 있답니다.

곤충 다리의 생김새를 보고 어떤 일에 적합한 다리일지 맞혀 보세요.

땅강아지 앞다리 ★ ★ 먹이 사냥

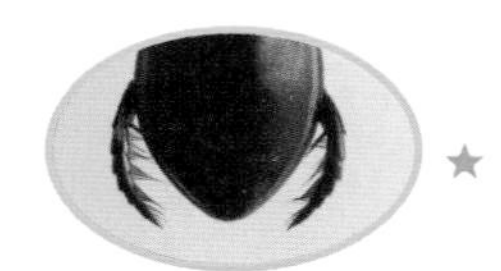

물방개 뒷다리 ★ ★ 땅파기

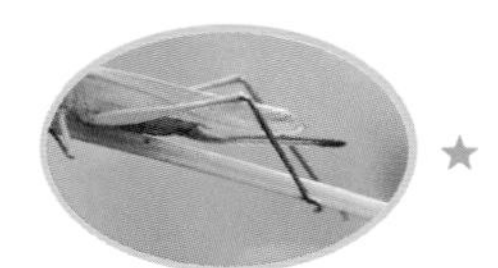

여치 뒷다리 ★ ★ 뛰기

사마귀 앞다리 ★ ★ 노 젓기

정답_ 땅강아지 앞다리-땅파기, 물방개 뒷다리-노 젓기, 여치 뒷다리-뛰기, 사마귀 앞다리-먹이 사냥

4. 곤충의 한살이

곤충의 한살이는 생김새가 다채롭게 변하면서 이루어집니다. 사람은 갓난 아기부터 노인이 될 때까지 모습이 변하긴 하지만, 곤충만큼은 아니지요. 곤충은 '탈바꿈(변태)'이라는 과정을 통해서 단계별로 생김새가 뚜렷하게 달라지는 변화를 거치게 됩니다.

그런데 애벌레의 모습을 보면 어미를 닮은 것도 있고, 어미와는 전혀 다르게 생긴 것도 있습니다. 또한 번데기 과정이 있는 것이 있고, 없는 것이 있습니다. 왜 이런 차이가 생기는 걸까요? 이유는 바로 '탈바꿈'의 과정이 다르기 때문입니다. 곤충의 탈바꿈은 크게 '완전탈바꿈'과 '불완전탈바꿈', 두 가지 방식으로 구분됩니다.

완전탈바꿈

곤충의 성장과정이 '알-애벌레-번데기-어른벌레'로 변신해 가는 방식을 완전탈바꿈이라고 합니다. 배추흰나비와 장수풍뎅이를 떠올려 보세요. 애벌레의 생김새가 어른벌레와 전혀 달랐지요? 배추흰나비는 송충이형으로, 장수풍뎅이는 굼벵이형으로 생겨서 꼬물거리기만 합니다.

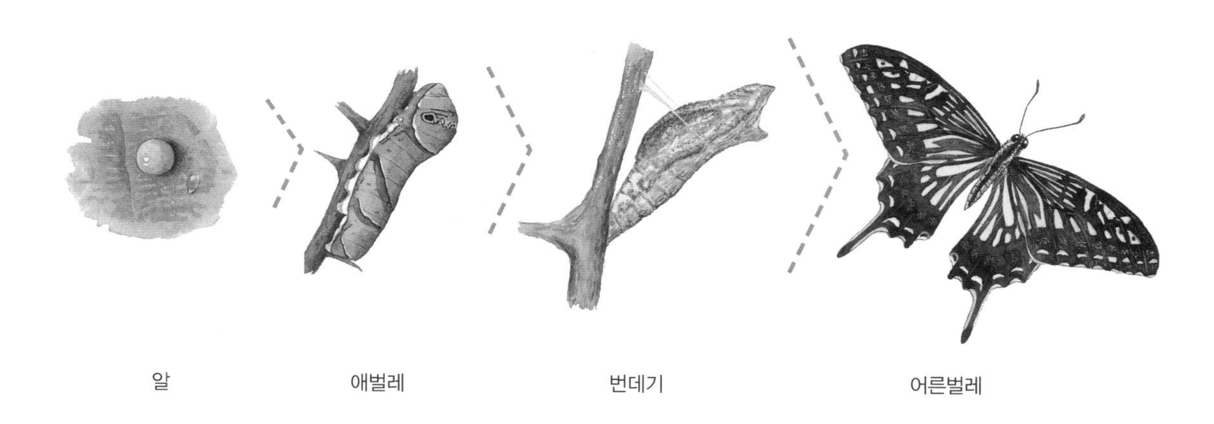

알 애벌레 번데기 어른벌레

다 자란 애벌레는 꼼짝하지 않는 번데기가 되어요. 배추흰나비는 주변의 물체에 몸을 붙여 번데기가 되고, 장수풍뎅이는 주로 땅 속에서 주변을 침으로 발라 번데기방을 만들고 번데기가 됩니다. 그리고 얼마간의 시간을 번데기로 보내면 마침내 날개돋이를 하고 어른벌레(성충)가 되는 거예요. 이처럼 뚜렷한 4단계로 변신을 거듭하면서 한살이를 마치게 된답니다.

완전탈바꿈을 하는 무리들은 곤충 중에서도 매우 진화된 그룹에 속합니다. 딱정벌레, 벌, 파리, 나비와 나방 등이 완전탈바꿈을 하는 곤충이에요.

불완전탈바꿈

곤충의 성장과정이 '알-애벌레-어른벌레', 3단계로 되어 있으면 불완전탈바꿈이라고 합니다. 혹시 풀숲에서 앙증맞은 메뚜기나 사마귀를 본 적이 있나 생각해 보세요. 몸이 매우 작지만 어른 메뚜기나 사마귀와 생김새가 너무나 닮았지요. 이들이 바로 메뚜기나 사마귀의 애벌레예요.

불완전탈바꿈을 하는 곤충은 애벌레에서 번데기로 변신하는 과정이 없답니다. 그래서 완전탈바꿈의 4단계를 다 채우지 못했다 하여 '불완전탈바꿈'이라고 불러요. 번데기 과정이 없는 불완전탈바꿈에서는 애벌레가 바로 어른벌레로 변신해야 하니까 애벌레와 어른벌레의 모습이 너무 많이 다르면 한 번에 변신이 불가능하겠죠. 이처럼 불완전탈바꿈을 하는 곤충으로는 메뚜기

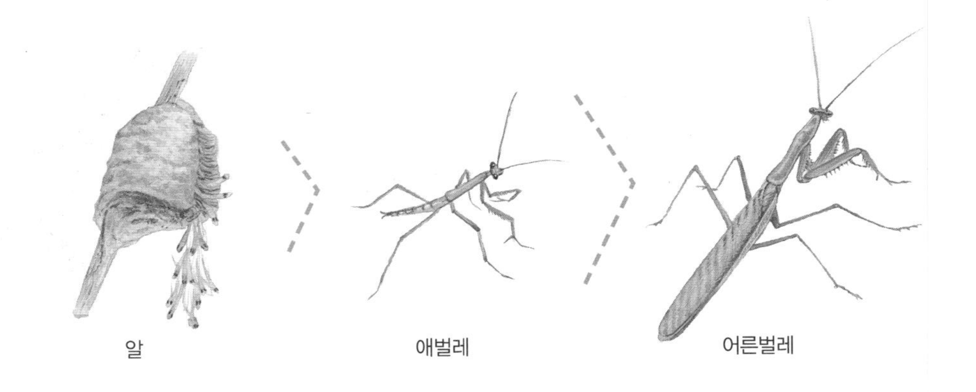

나 사마귀 말고도 매미, 노린재, 바퀴, 집게벌레 등이 있답니다.

불완전탈바꿈을 하는 곤충의 애벌레들은 어린벌레(약충)라는 말을 써서 완전탈바꿈의 애벌레와 구별해서 부르기도 합니다.

곤충은 언제 자랄까?

한살이 동안 곤충은 어느 특정 단계에서만 몸이 자랄까요, 아니면 각 단계마다 몸이 커질까요?

곤충은 바로 애벌레 때 몸이 자란답니다. 곤충의 몸은 우리와 달리 피부가 뼈의 역할을 하면서 몸을 보호해요. 그렇기 때문에 몸이 자라려면 낡은 피부를 벗어 내야만 해요. 지금의 피부를 버리고 더 큰 피부로 바꾸며 몸이 커지게 되는 것이지요. 알에서 나온 이후 애벌레는 여러 차례 허물벗기(탈피)과정을 겪어요.

허물벗기를 하려는 애벌레는 먹이를 먹지 않고 움직이지도 않습니다. 누에를 길러 본 어르신들은 "누에가 잠을 자야 큰다."고 하시지요. 누에는 허물을 네 차례 벗는데, 매번 허물벗기 직전에는 뽕잎을 먹지 않고 머리를 쳐든 채로 하룻동안 가만히 있습니다. 그 모습을 보고 잠잔다고 표현한 것이지요. 그런데 사실은 허물벗기를 준비하는 거예요. 이미 몸 속에 새로운 피부가 자라 있기 때문이에요. 보통 2~3일 정도 지나고 허물벗기 준비가 끝나면 머리 뒤쪽에서 가슴까지 등의 피부가 갈라지고, 그 곳에서 머리를 시작으로 몸 전체가 차례로 빠져 나와요. 금방 나온 누에를 보면 몸이 연한 색을 띠고 말랑거리지만, 몸이 부풀어오르고 단단해지면서 점차 원래의 색을 되찾게 됩니다. 그러고는 다시 먹이를 먹기 시작해요. 매번 허물벗기 때마다 이런 과정을 반복한답니다.

go go!

2 관찰에 나서기 전, 준비 완료!

1. 복장을 갖추자

산과 강으로 둘러싸인 환경에서 사는 아이들은 그냥 입던 그대로 다녀도 걱정이 별로 안 돼요. 하지만 그렇지 않던 어린이는 옷과 장비를 더 잘 챙겨야 됩니다.

곤충은 햇살이 있을 때가 관찰하기 좋아요. 그러니 모자를 쓰는 게 낫습니다. 곤충을 관찰하러 다니면서 식물 덩굴을 제쳐야 하고, 억센 식물에 피부가 쓸리기도 합니다. 바닥에 있는 곤충을 조용히 보려면 땅바닥에 엎드려야 할 수도 있고요. 그런 사이에 혹시라도 해로운 벌레를 갑자기 만날 수 있지요. 그러나 복장을 잘 갖추었다면, 대처하는 데 큰 문제는 없습니다. 또 배낭을 메거나 주머니가 많은 옷을 입으면 꼭 필요한 물건들을 챙겨 갖고 다니기가 좋습니다.

2. 장비를 점검하자

갖추어야 할 장비

곤충 친구를 만나러 갈 때 장비를 무조건 다 갖출 필요는 없어요. 어떤 곤충을 어느 정도로 관찰하려는지에 따라서 달라지기 때문이에요.

곤충은 가만히 있지 않고 빠르게 반응하여 그 자리를 피할 수 있으므로 종류에 따라서는 채집하지 않으면 관찰할 수가 없습니다. 따라서 포충망과 더

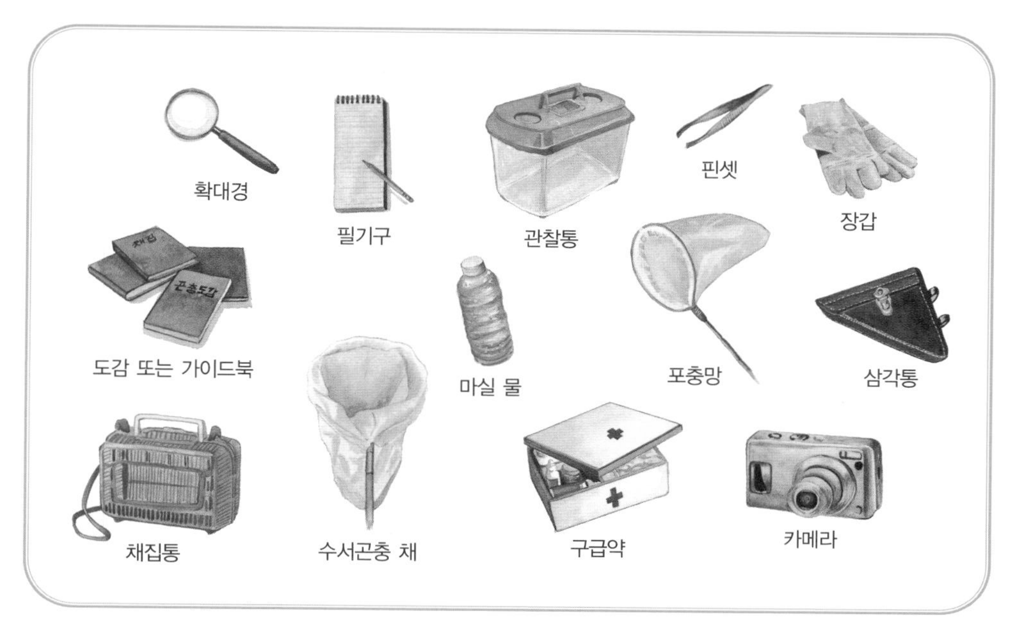

관찰에 필요한 준비물

불어 곤충을 넣어 두고 볼 수 있는 관찰통을 갖추어야 해요.

곤충은 대부분은 맨손으로 만져도 돼요. 손에 닿는 느낌도 곤충을 비교하고 구분하는 중요한 단서가 되죠. 그렇지만 만질 엄두가 나지 않거나 독침이 있는 것은 좀 두꺼운 장갑을 끼고 만지거나 핀셋으로 집어 볼 수도 있습니다.

관찰한 곤충을 어디서 보았는지, 특징과 행동은 어땠는지를 메모하세요. 특히 참고자료에서도 잘 찾아 볼 수 없는 것은 그림으로 그려서 집에 돌아가 다른 정보들과 맞추어 볼 필요가 있습니다.

때에 따라서 수서곤충 채가 필요할 수도 있고, 좀더 집중적으로 곤충을 관찰하고 싶을 때는 카메라를 갖고 다니는 것도 좋습니다.

이렇게 현장에서 찾아보고 비교해 보면 곤충의 모습과 특징이 빨리 머리에 들어오기 때문에 더욱 쉽게 곤충과 친해질 수 있습니다.

3. 가장 중요한 것은 마음과 자세

곤충은 우리보다 아주 작지만 이 땅에서 함께 살아가는 생물이란 걸 명심해야 돼요. 그러니 관찰한다고 곤충을 잡아서 너무 괴롭히거나 일부러 죽이거나 하지 말아야 해요.

곤충을 관찰할 때 가장 중요한 것은 눈높이를 낮추어야 한다는 점입니다. 어른들이 산책을 다니듯이 위에서 물끄러미 바라보는 자세로는 곤충을 관찰하기 어려워요. 몸을 낮추고 자세히 사물을 관찰하는 습관이 우선되어야 합니다.

관찰하고 싶은 곤충을 인터넷에서 미리 찾아보고 그려 보아요. 이름과 특징을 간단하게 쓰고, 어떤 점이 궁금한지도 써 보세요.

3 생태공원이나 마을 뒷산으로!

이 땅에 곤충이 살지 않는 곳은 거의 없지만, 그렇다고 아무 곳이나 무작정 가 볼 수는 없어요. 초보자 어린이들은 생태공원으로 꾸며 놓은 곳이나 부모님과 자주 가던 마을 뒷산의 어귀까지만 가 보아도 좋아요.

곤충을 찾기에는 나무가 많은 숲의 언저리가 좋습니다. 풀과 나무가 많은 곳과 그 주변에는 어느 곳보다 다양한 곤충이 많이 모이니까요.

곤충을 만나면 공책에다가 곤충이 머물고 있는 장면을 간단히 묘사해 보고, 그려 보고, 돌아와서는 공책을 보면서 되새겨 보아요.

1. 예쁜 꽃과 어우러진 곤충들

참콩풍뎅이

호리꽃등에

줄점팔랑나비

십자무늬긴노린재

온대 지역에선 나무든 풀이든 꽃들의 약 80%가 곤충의 도움을 받아서 꽃가루받이를 합니다. 대부분의 꽃은 곤충들을 유혹해야만 하는 거예요. 꽃이 무리 지어 활짝 핀 곳에 가면 많은 수의 곤충들을 찾아볼 수 있답니다.

봄철과 늦가을에 특히 꽃 주위로 곤충이 많이 몰려와요. 주로 꽃가루와 꽃꿀을 먹는 꿀벌과 꽃벌, 꽃등에, 나비와 나방들이 자주 나타납니다. 그리고 꽃무지, 풍뎅이, 하늘소붙이, 십자무늬긴노린재 등과 같은 종류도 흔히 볼 수 있어요. 또한 꽃에는 이런 곤충들을 사냥하려고 기다리는 사마귀나 거미 같은 것들도 많이 있습니다.

곤충 사냥꾼 사마귀

사마귀는 곤충을 잡아먹고 살아요. 어린 사마귀는 진딧물처럼 작은 곤충을 잡아먹다가 점점 몸이 커지면서 메뚜기 같은 종류도 사냥합니다. 이처럼 다른 곤충을 잡아먹는 습성을 가진 곤충 종류를 포식성 곤충이라 하죠. 또 잡아먹는 동물을 잡아먹히는 동물의 '천적'이라고도 불러요.

2. 이파리가 제일 좋아!

곤충의 1/3 정도는 식물을 먹고 살아요. 많은 곤충들이 특히 잎사귀를 좋아하지요. 잎사귀는 먹기 좋을 뿐 아니라 영양분도 많답니다. 잎사귀가 바로 식물의 영양분을 만드는 공장과 같은 역할을 하는 곳이기 때문입니다.

언제, 어떤 이파리를 보면 좋을까?

잎사귀 중에서도 봄철의 어린잎은 연하고 부드러워 곤충들이 먹기에 더 좋습니다. 벌레 먹은 흔적이 있는 잎을 발견하면 앞뒤로 열심히 찾아보세요. 잎을 갉아먹는 풍뎅이와 거위벌레, 침처럼 생긴 주둥이로 즙액을 빨아먹는 다양한 노린재 등 여러 가지 곤충을 볼 수 있을 거예요.

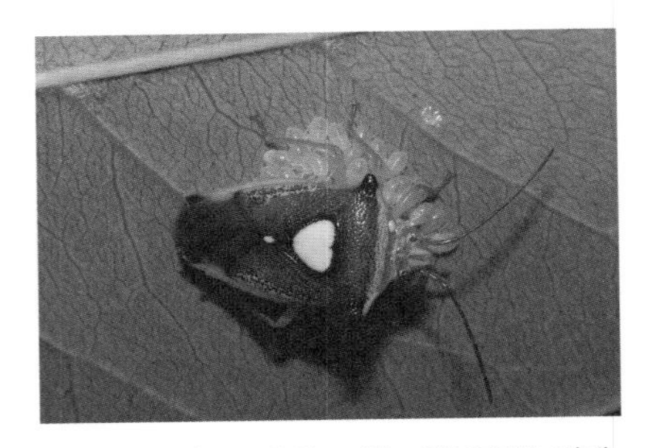
어린 애벌레를 보호하고 있는 에사키뿔노린재

오전에는 잎의 윗면에 곤충들이 있는 경우가 많아요. 곤충은 주위의 온도에 따라 체온이 변하는 변온동물이라 차가운 밤에는 체온이 많이 떨어집니다. 그래서 아침에 햇볕을 쬐어 몸을 덥혀야 활동할 수가 있어요. 하지만 정오에 가까워지면 아랫면으로 내려갑니다. 먹는 것도 윗면보다는 아랫면이 보드라워 곤충이 먹기 좋답니다.

잎에는 알이나 애벌레도 많아요. 나방, 잎벌, 잎벌레, 노린재의 것들이 대부분이죠. 알이나 애벌레들은 말려 있는 잎 속에 숨어 있는 경우가 많습니다. 그러니 잎사귀에 갉아먹은 흔적이 있거나 말려 있는 것 등은 유심히 살펴보아야 해요.

오리나무잎을 갉아먹는 잎벌 애벌레들

잎사귀는 단지 먹는 곳만은 아닙니다. 나비처럼 햇볕을 쬐기 위해 가만히 앉아 있는 장소로 잎사귀를 이용하는 곤충도 있습니다. 또한 여러 포식성 곤충들도 만날 수 있습니다. 곤충에게 잎사귀는 여러 모로 매력적인 곳이랍니다.

3. 나무에는 어떤 곤충이 살까?

애매미 애벌레의 허물

나무의 몸통은 굵고 단단해서 곤충이 없을 것 같죠? 하지만 나무에서도 여러 곤충을 만날 수 있어요. 한여름에는 열심히 울어 대는 매미와 그들의 허물을 볼 수 있고, 나무를 기어 올라가는 노린재나 사슴벌레 같은 곤충도 볼 수 있답니다. 또한 주변에 흔한 느티나무들을 자세히 보면 무당벌레무리의 알부터 어른벌레까지 모두 볼 수 있어요. 나무의 몸통과 가지에 구멍이 뚫려 있거나 흠집이 있다면 그 속에 곤충이 살고 있거나 곤충이 살다가 빠져 나간 곳일 수 있습니다. 특히 나무 목질 부분을 갉아먹는 하늘소와 바구미들이 여기에 알을 낳으려고 많이 옵니다.

나무에 사는 털보왕버섯벌레

한여름 나무의 상처 난 부분에서 수액이 흘러나오면 시큼하면서 달착지근한 냄새가 납니다. 그런 곳은 장수풍뎅이나 사슴벌레, 말벌, 왕오색나비 같은 크고 화려한 종류들을 한꺼번에 볼 수 있는 좋은 장소입니다.

4. 땅바닥이나 돌 틈을 살펴보자

흐리거나 쌀쌀한 날에는 땅바닥에서 곤충을 찾아보세요. 흙바닥에 놓여 있는 크고 작은 돌을 살짝 들춰 보면 그 밑에 숨어 있는 곤충을 만날 수 있어요. 또 사람들이 풀을 베어 쌓아 놓은 곳이나 낙엽 더미를 들추면 그 안에 귀뚜라미나 모메뚜기가 뛰는 것을 볼 수 있답니다. 그리고 번데기가 되기 위해 나무 위에서 내려온 나방 애벌레도 만날 수 있어요.

날씨가 좋은 날에는 맨 땅이 드러나 있는 곳이나 축축한 진흙을 살펴보세요. 산길에 뭔가가 포르륵 날았다가 앉기를 반복할지도 모릅니다. 바로 길을 안내하는 것과 같다 하여 길앞잡이라 부르는 곤충이에요. 또한 축축한 흙에서 뭔가를 빨아먹는 나비들도 볼 수 있어요. 뿔나비 같은 녀석들은 영양분을 흙에서 얻는답니다.

풀숲에 놓인 돌과 그 돌을 제치자 나온 먼지벌레

버드나무에서 곤충을 찾아보자.

버드나무는 곤충의 생활을 관찰하기 좋은 곳이에요. 봄이 되면 버드나무를 찾아가 다음 세 가지를 관찰해 보세요. 그리고 관찰한 장면을 사진으로 찍어 보아요.

1. 버드나무잎을 갉아먹는 버드나무잎벌레의 알, 애벌레, 번데기, 어른벌레
2. 버드나무잎벌레의 애벌레를 먹는 남생이무당벌레의 애벌레, 낳은 알
3. 줄기에 붙어 즙액을 빨아먹고 거품을 내는 거품벌레의 애벌레들

여기에 사진을 붙이세요.

제목 : ______________________________

go go!

4 물이 있어야 사는 곤충들

곤충들의 기본적인 삶터는 땅 위지만 물에 사는 곤충도 많습니다. 그런 곤충들을 물에 사는 곤충이란 뜻으로 수서곤충이라고 부릅니다. 수서곤충은 계곡, 내, 강, 저수지, 연못 등과 같은 민물에 살아요.

1. 연못에서 곤충을 만나자

연못에는 우리와 친근한 곤충들이 많습니다. 물 위에는 소금쟁이가 스케이트를 타듯이 다니고, 물매미는 빙글빙글 맴돌아요. 수면 아래에는 송장헤엄치개가 몸을 뒤집은 채로 헤엄을 치고, 게아재비, 물장군, 물방개 등은 각기 분주히 위아래를 오갑니다. 바닥에서는 잠자리의 애벌레가 깔따구의 애벌레를 사냥합니다.

물 속 곤충은 어떻게 숨 쉴까?

물 속 곤충은 다양한 방법으로 숨을 쉽니다. 오랫동안 땅 위에서 살다가 점차 물 속으로 삶의 터전을 바꾸게 된 곤충들은 물 속에 살면서도 정작 물 속에서는 숨을 쉬지 못해요. 여전히 물 밖 공기 중의 산소를 이용해야 하지요. 이들은 아직 완전한 수서곤충이 못 되었다 하여 반수서곤충이라고 부릅니다. 물고기처럼 아가미라는 특수한 호흡 기관을 가진 곤충들은 진짜 수서곤충이라 하여 진수서곤충이라고 부릅니다.

빨대형	물탱크형	아가미형
• 외부에서 산소를 얻어요. • 배 끝의 긴 숨관을 이용해서 숨을 쉬어요. • 물 위로 숨관을 내밀고 빨대처럼 공기를 빨아들여요.	• 외부에서 산소를 얻어요. • 배 끝으로 공기를 받아들여요. • 배 끝을 수면 위로 내밀고 산소 방울을 빨아들여 배의 등과 딱지날개 사이의 빈 공간에 채운 뒤 물 속으로 들어가요.	• 물 속에서 산소를 얻어요. • 아가미라는 특수한 기관을 이용해서 숨을 쉬어요. • 가슴과 배 또는 뱃속에 아가미가 있어서 물 속에 녹아 있는 산소로 호흡해요.
장구애비, 게아재비 등	물방개	잠자리, 하루살이, 강도래, 날도래의 애벌레
게아재비	꼬마줄물방개	실잠자리 애벌레

2. 흐르는 물에서 곤충을 만나자

산간 계곡으로부터 마을 앞을 지나는 개울, 너른 강에 이르기까지 흐르는 물 속에는 수서곤충들이 많이 있어요. 주로 하루살이, 날도래, 강도래, 잠자리의 애벌레 같은 진수서곤충들이지요. 이들을 쉽게 찾으려면 물가에 납작한 돌을 들어 올려 돌의 바닥을 살펴보면 된답니다. 물살이 센 곳에서도 돌을 들추면 몸이 아주 납작해서 바닥에 잘 붙어 있는 곤충을 찾아볼 수 있습니다.

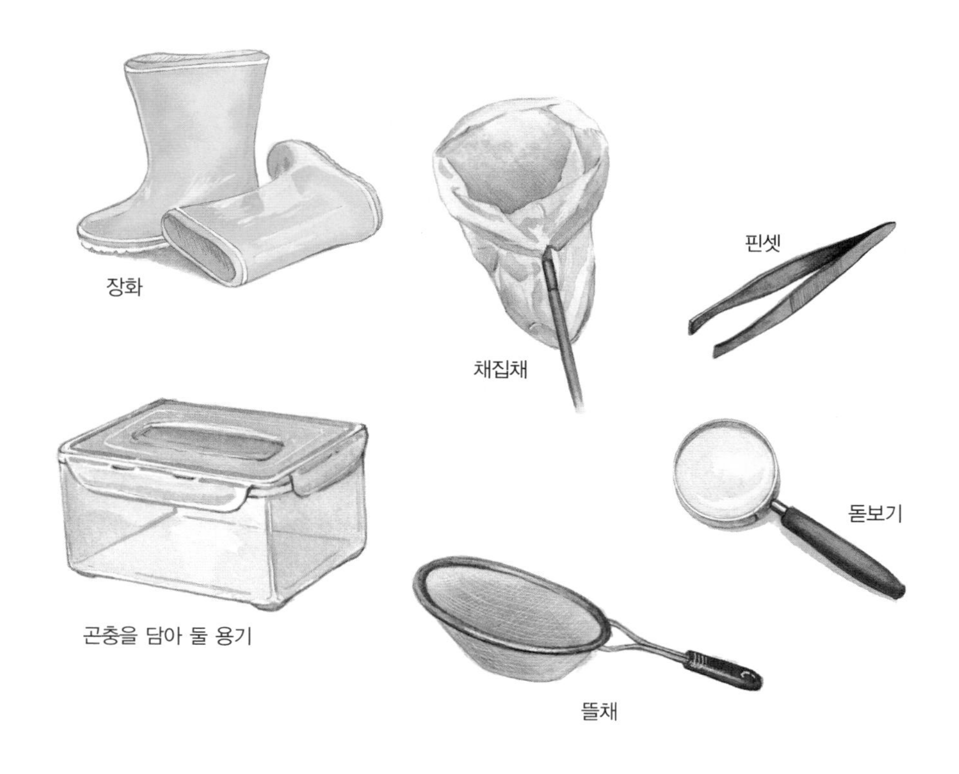

물에 사는 수서곤충을 관찰할 때 필요한 장비

3. 물가는 곤충의 놀이터

어른이 되면 물 밖으로 나가는 곤충

어리장수잠자리 수컷

우묵날도래

어린 시기에 물에 사는 하루살이, 잠자리, 강도래, 날도래 등은 어른벌레가 되면 물 밖으로 나가요. 이들이 주로 활동하는 곳이 바로 물가랍니다. 예전부터 어린이들은 물가에서 곤충 잡기를 많이 했어요. 특히 잠자리를 많이 잡았지요.

물가에 사는 수변곤충

잠자리 말고도 물가에서 볼 수 있는 곤충 친구는 많아요. 물가에는 갈대라든가 부들 같은 키 큰 풀도 자라지만, 둑을 따라서 키 작은 나무나 풀숲도 생겨나요. 그래서 잎벌레, 무당벌레, 길앞잡이, 반딧불이, 벼메뚜기 등의 아주 다양한 곤충들이 이 곳에 모여든답니다. 물가에서 주로 볼 수 있는 곤충을 수변곤충이라고도 합니다. 습기가 많은 곳을 좋아하는 곤충이지요.

5 친구하고 싶은데 곤충들은 왜?

곤충을 관찰하기란 생각보다 쉽지 않아요. 어떤 곤충은 눈에 잘 띄는데, 어떤 곤충은 아무리 찾아도 찾을 수가 없지요. 보자마자 순식간에 날아가거나 떨어지거나 어디론가 숨어 버리는 곤충도 많아요. 왜 그럴까요? 그리고 그런 곤충들은 어떻게 친구로 만들 수 있을까요?

곤충은 민감해!

곤충은 몸이 작고 약하기 때문에 대부분 민감할 수밖에 없어요. 우리가 갑자기 곤충과 맞닥뜨리면 곤충들은 방어적인 행동을 하게 마련이지요. 우리는 그 곤충이 누군지 확인도 못했는데 말입니다. 하지만 곤충이 어떠한 행동을 할지 미리 알고 나면 곤충과 가까워지기가 더욱 쉬울 거예요. 민감한 곤충들이 자신을 보호하기 위해 개발한 전략에는 아주 특별한 모습을 하고 있거나, 갑작스러운 행동을 하거나, 독한 냄새를 피우는 것 등이 있답니다.

빛에 따라 날개를 접었다 펴요!

빛이 잘 드는 곳에서 배추흰나비의 날개를 잘 살펴보세요. 배추흰나비가 날개를 펼치고 있으면 햇볕을 쬐어 체온을 높이려는 것이고, 날개를 접고 있으면 체온이 높아 등으로 쏟아지는 빛을 피하는 것이랍니다. 날개를 폈다 접으며 온도에 민감한 체온을 조절하는 거예요. 나비는 날개만 접으면 몸이 아주 얇아지니까 무척 간편해 보이지요?

1. 위장과 변장을 해요

곤충들의 가장 기초적인 방어 방법은 자신을 숨기는 것입니다. 주위 환경과 매우 비슷하게 자기 몸의 색을 어울리게 하거나 주변에 있는 자연물을 닮게 하는 것이지요.

풀숲에 사는 메뚜기들은 밖으로 나왔다가도 인기척을 느끼면 얼른 풀숲으로 몸을 숨깁니다. 바로 우리 눈앞에서 풀숲으로 뛰어드는 걸 봤더라도 풀줄기와 헷갈려서 쉽게 찾을 수 없죠.

풀무치를 찾아보세요!

*정답은 72쪽을 참고하세요.

나뭇가지처럼 서 있어서 구별하기 어려운 자벌레

나뭇가지를 뼘으로 재듯이 기어 다니는 자벌레는 위험이 느껴지면 나뭇가지 한편에 배 끝을 붙이고 곧게 서 있습니다. 그러면 사람이나 새들은 가지 하나가 튀어나온 것으로 착각하게 됩니다. 호랑나비 애벌레의 위장술도 보통이 아니에요. 다 자라기 직전까지는 나뭇잎에 떨어진 새똥처럼 보여요. 그 밖에도 은무늬갈고리밤나방 애벌레와 새똥하늘소 성충처럼 새똥을 닮은 종류가 아주 많답니다.

2. 죽은 줄 알았어요

단순히 피하고 숨는 것보다 진전된 방어 방법 중 하나는 '죽은 체하기' 입니다. 특히 무당벌레, 바구미, 잎벌레를 비롯한 식물 위에 사는 다양한 딱정벌레무리가 죽은 체하기를 잘 해요. 딱정벌레들이 잎 위에 앉아 있을 때 잡으려고 손을 뻗쳐 보면, 그 순간 아래로 굴러 떨어지고 말지요. 바닥을 뒤져 봐도 찾기는 어려워요. 혹시 어렵게 찾았다 하더라도 뒤집어진 채 꼼짝을 하지 않아요. 정말로 죽은 것처럼 보인답니다.

죽은 체하는 무당벌레

손바닥에 떨어져 죽은 체하는 방아벌레

이런 곤충들의 죽은 체하기 행동은 연기자들이 텔레비전에서 죽은 체하는 것과는 차원이 달라요. 딱정벌레들은 잠깐이지만 진짜 기절 상태에 빠진 것입니다. 새들도 잡아먹으려고 건드려 보아도 전혀 꼼짝하질 않으니 흥미를 잃고 가 버리지요.

그렇다면 어떻게 해야 이들을 관찰할 수 있을까요? 우선 앉아 있는 딱정벌레의 아래쪽에다 손이나 통을 살그머니 가져다 놓아요. 그러고는 살짝 건드리면 딱정벌레들은 굴러 떨어지는 동작을 하면서 손바닥으로 떨어지고 그 곳에서 죽은 체를 하게 됩니다. 이 때 통에다 넣고 관찰하면 되지요.

3. 깜짝 놀라게 해요!

나비나 나방들은 가까이 다가서면 어느 새 알아차리고는 포르륵 날아가 버려요. 밑으로 떨어지는 딱정벌레들과 달리 이들은 위쪽으로 날아서 도망가는 것입니다. 그런데 나방 가운데는 아주 가까이 갈 때까지는 가만히 있다가 갑자기 앞날개를 들어 올려 깜짝 놀라게 만드는 녀석들이 있어요. 앞날개는 거무튀튀해 나무 몸통에 앉아 있어도 잘 보이질 않지요. 마침 이들을 발견하고 좀더 자세히 보려 하면 앞날개를 젖히면서 뒷날개에 있는 눈알무늬나 태극무늬를 확 들이댑니다. 그럼 다가서던 쪽이 오히려 깜짝 놀라 움칫하고 말아요. 그 순간이 바로 나방이 도망갈 기회예요. 평소에 앉아 있을 때는 앞날개로 뒷날개를 덮고 있으나, 공격자가 나타나면 뒷날개에 감추어진 화려한 무늬를 보여 주어 깜짝 놀라게 하는 것이지요.

그런데 이 무늬가 어설플 때는 오히려 포식자인 새들에게 쪼기 행동을 유발한다고 해요. 그래서 어두운 숲에 사는 나비들, 특히 뱀 눈 모양을 가진 나비들은 그 무늬로 위협을 하는 것이 아니라 쪼려면 이 곳을 공격하라는 표시라고 주장하는 학자도 있답니다. 날개 끝에 배열된 무늬가 새의 공격으로 손상된다고 하더라도 몸 자체는 다치지 않는다는 거예요. 나비로서는 큰 희생 없이 몸을 지킬 수 있다는 이야기입니다.

날개에 눈알무늬가 있는 봄처녀나비

현장
활동

죽은 체하는 방아벌레 관찰하기

방아벌레는 몸을 뒤집고 죽은 체합니다. 다시 일어날 때는 딱 소리를 내면서 공중제비로 반 바퀴 돌아 자세를 바로 잡죠. 그러고는 재빨리 도망칩니다. 새 같은 천적 앞에서 이 같은 행동을 순간적으로 벌인다면, 천적은 깜짝 놀라서 방아벌레를 놓치게 됩니다. 죽은 체하던 방아벌레가 어떻게 단번에 공중제비를 돌며 도망갈 수 있는 건지, 방아벌레를 잡아서 한번 실험해 보아요.

방아벌레는 앞가슴 복판과 가운데가슴 복판의 연결부 사이에서 급속한 수축이 일어나기 때문에 공중제비를 돌게 됩니다. 뒤집힌 자세에서 보면 앞가슴 복판에 가시처럼 생긴 뾰족한 돌기가 나 있고, 가운데가슴 복판에는 그 돌기가 들어갈 수 있는 깊은 홈이 파여 있어요. 고개를 뒤로 젖히듯이 앞가슴을 들어 올렸다가 고개를 숙이듯 앞가슴을 앞으로 움직이면 돌기가 순간적으로 홈 속 깊이 끼어 들어가면서 똑딱하고 소리가 나는 거예요. 바로 이 순간에 방아벌레가 공중으로 튀어 오르는 힘이 만들어집니다.

크기에 따라서 다르긴 하지만 누워 있는 방아벌레를 건드리면 25㎝ 높이까지도 딱 소리를 내며 튀어 오를 수 있답니다. 하지만 너무 많이 하게 하면 그들도 지치니까 조심해야 해요.

4. 화려하게 경고해요

곤충 중에는 마치 잘난 멋에 자신을 드러내고 있는 것처럼 보이는 종류들이 있어요. 대개 화려한 색을 갖고 있거나 노랑 또는 빨강과 검은 색깔의 무늬가 교대로 나 있는 종류들입니다. 무당벌레, 가뢰, 말벌, 호랑나비의 다 자란 애벌레 등이 대표적이지요.

산호랑나비의 애벌레

이들은 뭐가 잘나서 이렇게 화려할까요? 그건 다름 아닌 몸 속에 있는 화학물질 때문이에요. 곤충을 잡아먹는 새와 같은 동물이 이런 곤충을 입에 넣으면 갑자기 쓴맛을 느끼거나 토해 내야 할 정도로 강한 독성의 화학물질을 갖고 있습니다. 이처럼 몸 속에 독한 물질을 갖고 있는 곤충은 자신을 노리는 사냥꾼에게 뜨거운 맛을 보여 준 격이 됩니다. 뭔가를 먹으려다 너무 맛이 없어 괴로웠다면 선입견이 생겨 그 다음에도 선뜻 손이 안 가게 되는 것을 노린 것이지요. 더 이상 날 먹지 말라는 경고로서 화려한 색이나 두드러진 색의 몸을 하고 있는 거예요. 이런 색을 '경고색'이라고 한답니다.

5. 곤충에도 '짝퉁'이 있어요

경고색을 가진 곤충을 흉내내어 포식자를 쫓아내려는 곤충도 있습니다. 곤충들이 많이 흉내내는 대표적인 모델이 말벌이랍니다. 특히 꽃에 자주 오는 곤충 가운데 말벌을 흉내내는 곤충이 많아요. 파리의 일종인 꽃등에가 그렇

왕벌붙이파리

꽃등에

고 딱정벌레의 일종인 벌하늘소, 나방 가운데 포도유리나방도 말벌을 흉내내요. 또한 무당벌레와 홍반디처럼 강한 독성물질을 몸에 갖고 있거나 말벌처럼 쏘거나 또는 개미처럼 집단으로 생활해서 떼로 공격하는 종류들을 모델로 삼아 닮으려는 곤충들도 많습니다.

또 곤충이 아닌 다른 동물의 모습을 닮은 경우도 있습니다. 박각시나방의 애벌레들은 배 측면에 눈알무늬를 만들어 마치 뱀처럼 보이도록 하기도 합니다. 또한 우리 나라에는 없지만 악어의 머리를 꼭 닮은 뿔매미 종류도 있어요.

이렇게 닮으려 하는 종들은 단순히 무늬나 형태만 닮을 뿐이죠. 원래의 모델이 갖고 있는 화학물질이나 침 같은 것들은 없습니다. 다만 쏘는 듯한 행동을 흉내낼 수는 있습니다.

개미와 벌의 집단생활

개미, 꿀벌과 말벌은 무리를 이루어 살아갑니다. 하지만 단순히 떼지어 모여 사는 게 아니라 각각의 구성원들이 주어진 역할을 하며 산답니다. 구성원은 크게 여왕벌(여왕개미), 일벌(일개미), 수벌(수개미)로 이루어졌습니다.

여왕벌 또는 여왕개미가 집을 짓고 알을 낳으면서 무리 만들기가 시작됩니다. 처음엔 일벌이나 일개미가 없으므로 혼자서 어른 일벌이나 일개미를 길러내요. 그 다음부터는 새로 나온 일벌들이 집 안팎의 일을 하고 여왕벌은 알만 낳기 시작하지요. 여왕벌(여왕개미)과 일벌(일개미)은 모두 암컷인데 같은 성끼리 역할을 나누어 일을 분담하는 셈입니다. 수컷인 수벌과 수개미는 단지 새로운 여왕벌이 나와 짝짓기 여행을 할 때만 쓸모가 있을 뿐입니다.

말벌은 겨울에 여왕벌만 살아남아 겨울을 나고, 이듬해 다시 새로운 집단을 만들기 시작합니다. 반면에 개미와 꿀벌은 집단 전체가 함께 겨울을 나고 이듬해 함께 일을 시작합니다.

함께 사회를 이룰 때의 장점은 뭉치면 힘이 굉장히 세어진다는 점입니다. 꿀벌의 일벌은 자기들을 공격하는 장수말벌을 떼로 둘러싸 온도를 높여서 결국 죽게 만듭니다. 또한 개미 중에 사무라이개미는 다른 종류 개미의 집을 습격하기도 합니다. 이런 행동 모두 집단을 이루기 때문에 가능한 것이지요.

6 밤에도 곤충을 만날 수 있을까?

이번에는 깜깜한 밤에 곤충을 만나러 가 볼까요? 밤에 활동하는 곤충에는 뭐가 있을까요? 우리는 밤에 잠을 자니까 곤충들도 우리처럼 활동하지 않을 것으로 생각하기 쉬워요. 하지만 곤충들 가운데에는 오히려 밤에 활동하기를 좋아하는 종류가 많답니다.

밤은 깜깜해서 잘 보이지 않으므로 혼자 다니는 것은 매우 위험합니다. 그러니 꼭 어른들과 함께 가야 해요. 또한 밤 곤충을 관찰하기 좋다고 생각하는 곳을 낮에 미리 가 보고, 어떤 길로 갈지, 무엇을 주로 관찰할지 등을 미리 결정해 놓아야 합니다. 어둠 속에서는 길을 잃기 쉽기 때문이에요.

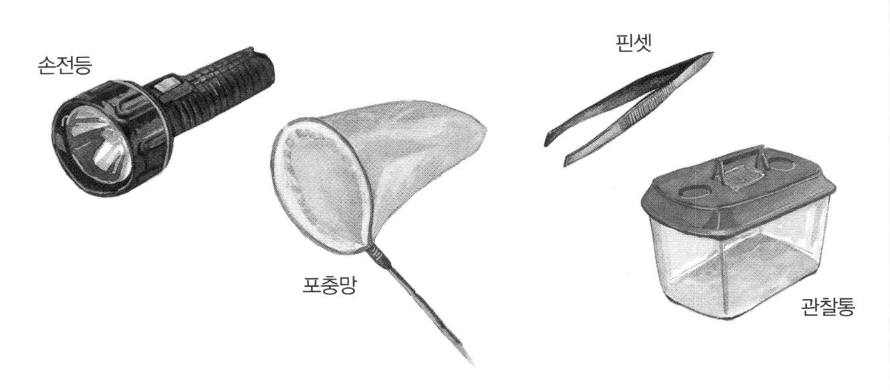

밤에 곤충을 찾아가기 위한 준비물

밤에 나갈 때에는 너무 밝은 색의 옷을 입으면 안 됩니다. 가로등이나 손전등의 빛이 반사되어 곤충들이 우리 몸에 달라붙을 수 있기 때문이지요.

1. 가로등을 맴도는 곤충들

밤의 곤충을 가장 쉽게 볼 수 있는 곳은 가로등이에요. 도시 번화가의 가로등이 아니라 주변이 숲으로 둘러싸여 있고, 차가 잘 다니지 않는 한적한 곳의 가로등이 곤충을 찾기에는 제격이에요. 산에 있는 공원의 산책로, 국도의 한적한 주유소, 시골 마을 같은 곳이지요.

원래 밤에는 곤충들이 달빛과 같은 빛을 표시 삼아 이동합니다. 그런데 주변에 가로등처럼 강한 불빛이 있으면 갈 길을 혼동하고 그 빛에 이끌리게 돼요. 특히 가로등 불빛은 우산살처럼 불빛이 사방으로 퍼지므로 밤 곤충들이 더욱 헷갈려 가로등을 떠나지 못하고 주위를 뱅뱅 맴돕니다.

한밤중에 가로등 주위에서 볼 수 있는 곤충

시골 가로등에 가 보면 정신이 없답니다. 머리 위에서는 나방들이 붕붕 날아다니고, 물가에서 온 하루살이도 전등 주위를 떼로 맴돌아요. 바닥도 잘 살

펴보면, 맴돌다 지친 나방, 날아와 쉬고 있는 물방개, 다른 곤충을 먹으러 온 딱정벌레와 먼지벌레들이 바삐 움직입니다. 때때로 두꺼비나 청개구리도 곤충을 잡아먹으려고 미리 와서 대기하고 있습니다.

나방들의 잔치

기온이 훈훈한 밤에는 한적한 가로등에 나방들이 많이 모여든 것을 볼 수

나방과 나비는 어떻게 다른가요?

나비와 나방은 모두 나비목에 속하는 곤충이에요. 우리 나라에 나비는 약 260여 종이 있지만 나방은 약 2600종이 알려져 있습니다. 나방이 나비에 비해 10배나 많은 셈입니다.

나비와 나방의 차이

형태	나비	나방
더듬이의 끝	곤봉 모양 또는 갈고리 모양	끝까지 뾰족하거나 빗살 모양
몸통	가늘고 날씬함	대체로 크고 뚱뚱함
앉는 모습	대체로 날개를 세워서 앉음	날개를 쫙 펼치고 앉음
날아다니는 때	낮에 날아다님	대체로 밤에 날아다님

있어요. 나방은 밤 곤충 가운데 종류도 가장 다양하고, 수도 많지요. 특히 긴 꼬리산누에나방이나 박각시나방처럼 아주 큰 나방 종류도 만나볼 수 있어요. 이들은 성질이 좀 드세어 날았다 앉았다를 반복하기 때문에 나방이 지치기 전까지는 가만히 관찰하기가 쉽지 않아요. 하지만 비교적 작은 밤나방이나 자나방들은 한 곳에 잘 붙어 있기 때문에 관찰하기 쉽습니다. 가로등 주변의 풀숲을 손전등으로 비추면 가만히 앉아 있는 여러 나방들을 볼 수 있답니다.

땅바닥도 잘 살펴야 해요

잘 날지는 못하지만 한 번씩 부웅 하고 날아왔다가는 땅에 곤두박질하듯이 떨어지는 종류들이 여럿 있습니다. 대부분 몸집이 큰 종류들로 소리도 둔탁하지요. 사슴벌레, 장수풍뎅이, 풍이 같은 종류가 그렇습니다. 주로 바닥에서 이들을 찾아볼 수 있어요. 그러니 밟지 않도록 걸음을 조심해야 합니다.

참검정풍뎅이

2. 나무진을 찾아오는 곤충

나무의 줄기나 가지에 상처가 나면 그 곳에서 나무의 영양물이 진처럼 흘러나옵니다. 그것을 나무진 또는 나무즙(수액)이라고 하는데, 나무진이 밖으로 나오면서 효모란 곰팡이 균이 작용을 하여 시큼하면서도 달착지근한 냄새가 나지요.

나무진을 좋아하는 곤충들

해가 지고, 땅거미가 지면 나무진에는 새로운 곤충들이 나타납니다. 특히 장수풍뎅이나 사슴벌레들이 짝을 만나기 위해 나무진이 있는 곳을 즐겨 찾는답니다. 이들 수컷들은 어둠이 오면 나무진에 터를 잡고 암컷이 날아오기를 기다립니다. 만일 다른 수컷이 날아오면 붙어서 싸우기도 하여 나무진이 나오는 곳을 지켜 내려고 하지요.

나무진에는 이들 외에도 말벌도 오고, 나방도 오고, 파리도 옵니다. 문제는 어둠 속에서는 이런 곳을 찾기가 어렵다는 것이에요. 따라서 나무진이 나는 곳은 반드시 낮에 찾아 놓아야 해요.

장수풍뎅이와 사슴벌레의 싸움

곤충을 유인해 보아요

곤충을 유인하는 방법은 여러 가지인데, 대부분이 밤에 활동하는 곤충을 유인하기 위한 방법이에요. 낮에는 찾아서 직접 보고 관찰할 수 있으나, 밤에 활동하는 종류들은 관찰하기가 어렵기 때문이지요.

1. 함정으로 유인하기

땅바닥에 사는 곤충은 컵을 이용해서 함정을 만들어 유인할 수 있습니다. 컵을 땅 표면과 같은 높이로 묻되 컵 속에 고기통조림이나 달착지근한 냄새가 나는 포도주와 설탕을 섞어 넣습니다. 저녁에 함정을 설치해 두고 다음 날 아침 일찍 가 보면 홍단딱정벌레, 먼지벌레 같은 종류가 많이 들어와 있을 거예요.

2. 바나나 미끼로 유인하기

여름에 나무진을 좋아하는 곤충들을 유인하는 방법도 있습니다. 잘 익은 바나나가 좋은 미끼가 되지요. 한낮에 숲 속의 나무 몸통에 바나나를 으깨어 발라 놓아요. 으깬 바나나에서 나무진처럼 향내가 풍겨 곤충을 유인할 수 있어요. 해가 지고 나서 손전등을 들고 그 곳에 다시 가 보세요. 그러면 장수풍뎅이나 나방, 사슴벌레들이 와 있는 것을 볼 수 있을 거예요.

3. 불빛으로 유인하기

불빛을 좋아하는 나방과 같이 밤에 활동하는 곤충도 유인할 수 있어요. 깜깜한 밤에 주변의 불은 모두 끄고, 한 곳에만 불을 밝게 켜 놓습니다. 그럼 나방이나 사슴벌레, 풍뎅이같이 밤에 활동하는 곤충들이 잔뜩 몰려오게 됩니다.

3. 밤하늘에 빛나는 반딧불

'반딧불이'가 내는 불빛을 반딧불이라고 합니다. 반딧불은 보기만 해도 신비롭지요. 반짝 반짝! 생물체의 몸에서 불빛이 나니 말입니다. 반딧불이가 내는 불빛에는 열이 나지 않아요. 만일 뜨겁다면 반딧불이는 하루도 살지 못하겠지요?

반딧불이를 만날 수 있는 곳은 시골 마을의 불빛이 미치지 못하는 길모퉁이 같은 곳이에요. 즉, 주변에 가로등 같은 인공적인 불빛이 없는 곳이어야 하지요. 반딧불은 자신의 짝을 찾는 신호거든요. 그보다 강한 다른 불빛이 있다면 그 빛에 방해를 받아 사랑의 불빛을 서로 주고받을 수 없을 거예요.

밤의 곤충 친구들 가운데에서 반딧불이를 만나러 가는 것이 가장 어렵습니다. 종류에 따라서 반딧불이 워낙 약한 것도 있어 손전등으로 발밑만 비추고 다니면서 깜깜한 주변을 살펴보아야 하기 때문입니다. 또한 반딧불이가 사는 곳은 편평하고, 다니기 좋은 곳보다는 논이나 하천 등의 물가나 계곡, 산간에 있는 밭 등 지형이 복잡한 곳이에요. 그러므로 반딧불이를 보려면 꼭 어른들과 함께 다녀야 하고, 반딧불이가 나올 만한 곳을 낮에 미리 찾아 두어야 합니다.

반딧불이의 빛은 어떻게 나는 걸까요?

배 속에는 커다란 발광세포들이 모인 층과 반사세포들이 모인 층이 하나씩 있습니다. 발광세포들은 빛을 만들어 내는 발전소 역할을 하고, 반사세포들은 빛을 몸 밖으로 반사시켜 주는 반사거울 역할을 한답니다. 반딧불이 나오는 피부를 잘 보세요. 배의 다른 부분에 비해 얇고, 투명합니다. 마치 전구의 표면 같아요. 배 안쪽에서 반사된 빛을 잘 투과하기 위한 것이랍니다.

O, X 퀴즈를 풀어 가며 반딧불이에 대해 알아보세요.

1. 개똥벌레가 바로 반딧불이이다.	O	X
2. 늦여름 날아다니는 반딧불이는 모두 암컷이다.	O	X
3. 반딧불이 애벌레의 먹이는 달팽이이다.	O	X
4. 반딧불이는 불빛이 강한 도시에서 더 잘 산다.	O	X
5. 반딧불이의 한살이는 [알-애벌레-번데기-어른벌레]이다.	O	X

정답_ 1-O, 2-×(늦여름 날아다니는 반딧불이는 모두 수컷이에요. 암컷은 날개가 퇴화되어 날지 못합니다.), 3-O, 4-×, 5-O go go!

7 소리 내는 곤충 만나기

이어폰을 끼고 음악만 듣지 말고 여름이 본격적으로 올 때부터는 밖에 나가서 자연의 소리를 찾아보세요. 늦가을까지 곤충의 소리를 들을 수 있답니다. 차 소리가 심하게 나지 않는 곳이라면 곤충의 소리는 아주 잘 들려요. 도시에서는 생태공원이나 강변의 둔치로 가면 되고, 밤에는 아파트 단지의 가로수나 풀숲에서 곤충 소리를 들을 수 있어요. 물론 시골에서는 집 근처 어디에서나 곤충의 소리를 들을 수 있겠지요.

자! 귀를 쫑긋 세우면서 무슨 소리가 날지, 그리고 그 소리를 낸 곤충이 누구인지 찾으러 떠나 보아요.

1. 소리를 내는 곤충에는 누가 있을까?

생각나는 대로 한번 적어 보아요. 매미, 귀뚜라미, 여치, 베짱이…… 이 정도는 생각해 냈나요? 그렇다면 대강은 알고 있는 셈이지요. 바로 매미무리, 귀뚜라미무리, 여치무리, 메뚜기무리가 소리를 내는 대표 곤충이에요. 베짱이는 여치무리에 속한답니다.

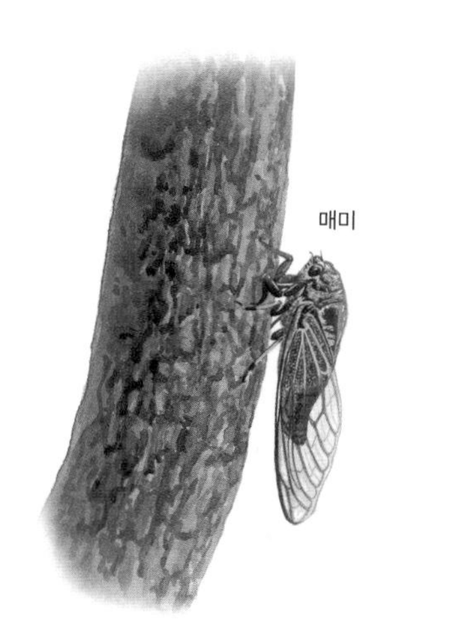

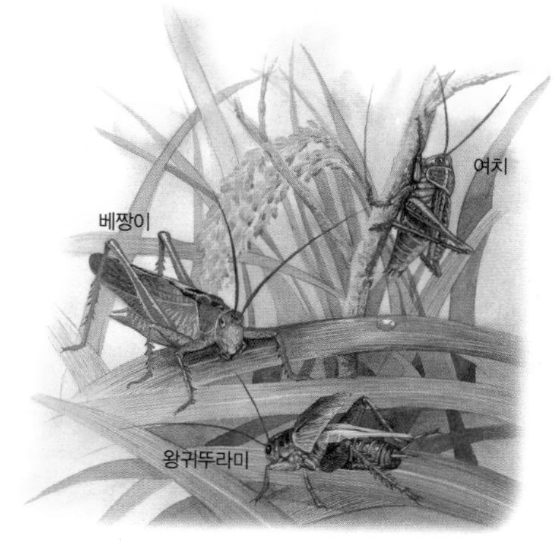

소리를 내는 곤충들

2. 곤충은 왜 소리를 낼까?

소리가 나는 곳을 가 보세요. 소리가 나다가도 우리가 가까이 다가서면 뚝 그치죠. 어디에 곤충이 있는지 찾을 수가 없어요. 한참 기다려도 아무 소리가 나지 않아요. 답답함을 못 참고 그냥 지나치고 나면 다시 소리가 들리곤 합니다. 이처럼 소리를 내는 종류들은 우리에게 몸을 잘 드러내지 않아요.

곤충은 왜 소리를 낼까요? 바로 서로의 짝을 부르려는 것입니다. 일반적으로 수컷만이 소리를 내고, 암컷은 그 소리를 듣고 수컷을 찾아오지요. 말하자면 사랑의 노래인 거예요.

3. 노래하는 매미

나무와 구별하기 어려운 털매미

맑은 여름날, 마을 뒷산이나 학교와 공원으로 가 보세요. 매미 소리가 잘 들리죠? 매미의 노랫소리는 매우 큰 편으로 사람들이 이야기를 나누는 소리보다도 더 큽니다. 수컷끼리 경쟁을 하느라 소리는 점점 더 커지곤 하지요. 때로는 여럿이 모여 함께 소리를 내기도 하는데 이렇게 하면 소리가 더욱 커져서 멀리 있는 암컷까지 잘 들을 수 있어요. 또한 매미를 사냥하려고 주변을 맴돌던 새들도 어디에서 소리가 나는 건지 혼란스러워 공격하기가 쉽지 않습니다.

매미는 종류마다 다른 소리를 내요

매미들은 종류마다 각기 다른 소리를 내는데, 소리뿐만 아니라 음도 무척 다르답니다. 쉽게 구별할 수 있는 것으로 몇 가지를 보면, 참매미는 "맴맴맴–매–", 말매미는 "차르르–", 쓰름매미는 "쓰–름 쓰–름" 하는 소리를 내지요.

매미마다 소리 내는 시기도 달라요. 흔히 5월 말부터 소요산매미, 6월 초부터 털매미, 6월 말에 말매미, 7월 초가 되면 참매미, 쓰름매미, 애매미, 유지매미들이 본격적으로 한여름을 장악합니다. 사람들은 매미 소리를 듣고 여름이 시작되고 있음을 알고, 이 소리가 사라지면서 여름이 가고 있음을 느끼게 됩니다. 단, 늦털매미는 11월 초까지 혼자 남아 소리를 내는데, "씨-익 씩 씩 씩" 거리는 소리가 매미 소리 같지 않아 사람들은 매미 소리라고 잘 알지 못해요.

어떻게 소리를 낼까?

매미는 우리처럼 성대가 없고, 대신에 배 안에서 소리를 만들어 내요. 배 속에 브이(V)자 모양으로 생긴 발음근육이 있는데 그 근육과 진동막이 연결되어 있어요. 발음근육을 빠르게 당겼다 놓기를 반복하면 진동막이 떨리면서 소리가 나는 것이죠. 이렇게 나는 소리는 크지 않지만, 배 속이 비어 있어 스피커 같은 역할을 하여 울리면서 아주 큰 소리가 됩니다.

매미를 잡으면 어떤 경우 끼끼끼익 하면서 소리가 나는데, 배 쪽에 귀처럼 생긴 큰 배딱지가 울리는 것을 느낄 수 있습니다. 이게 바로 소리를 조절하는 부분이에요. 반면에 암컷은 울지 않기 때문에 이 배딱지가 매우 작습니다.

4. 가을의 곤충 소리

8월의 무더위가 한풀 꺾일 무렵엔 냇가의 풀밭이나 강변의 둔치로 가 보아요. 그런 곳이 주변에 없다면 공원의 풀숲, 아파트의 화단 주변에서라도 귀를 기울여 보세요. 풀숲에서 "또록 또록", "시리릭 시리릭" 하는 다양

삽사리

한 소리가 들리죠? 바로 여치와 귀뚜라미 무리의 연주 소리입니다. 풀숲은 메뚜기, 여치, 귀뚜라미들의 세상이에요. 곤충의 소리는 사실 낮보다는 밤에 더 잘 들리고, 소리도 더욱 다양하게 들린답니다. 여치와 귀뚜라미는 밤에 활동하는 종류들이 대부분이기 때문이지요.

다리와 날개를 비벼서 소리 내는 무리

매미와 달리 메뚜기무리에 속하는 메뚜기와 여치, 그리고 귀뚜라미들은 진동으로 소리를 내지 않습니다. 이들은 마치 바이올린을 켜듯이 몸의 한 부분을 비벼서 소리를 내죠. 메뚜기는 대부분 소리를 내지 않지만 몇몇 종은 뒷다리 넓적다리마디의 안쪽으로 앞날개 옆쪽의 거칠거칠한 표면을 비벼 소리를 냅니다. 방아깨비는 날아갈 때 날개와 다리를 부딪치며 소리를 내서 그 때 나는 소리를 본떠 '딱따개비'라고도 합니다.

날개를 비벼서 소리를 내는 무리

방울벌레

여치와 귀뚜라미들은 앞날개를 들어 올리고, 윗면과 아랫면을 비벼 소리를 내죠. 아래로 깔린 날개의 윗면에는 빨래판과 같은 마찰편이 있고, 위로 올라간 날개의 아랫부분에는 톱날같이 생긴 켜는 도구가 있습니다. 바로 이 둘을 비벼서 소리를 내는 거예요.

특히 수컷이 암컷을 부를 때는 날개를 높이 들어 올리고 비벼댑니다. 그렇게 해야 배의 등면과 날개 사이에 공간이 커져서 큰 소리로 울릴 수 있기 때문이지요.

방아깨비 놀이

방아깨비는 메뚜기무리에서 몸집이 가장 큰 종으로 암컷은 75mm 정도가 됩니다. 방아깨비를 잡아서 뒷다리의 종아리마디를 가만히 쥐고 있으면 다리 사이로 몸을 위아래로 끄덕이죠. 예부터 아이들은 이런 모습이 방아를 찧으려고 그런 것이라고 생각했습니다. 그래서 "아침 방아 찧어라 저녁 방아 찧어라 (서울지방)"하면서 노래를 부르면 마치 방아깨비는 이에 박자를 맞추듯이 몸을 끄덕였습니다. 아이들은 더욱 흥이 나서 방아깨비 놀이를 즐겼지요.

그런데 방아깨비의 입장에서 보면, 이렇게 몸을 흔드는 것은 사람의 손아귀에서 빠져 나오려는 몸부림이었습니다. 방아깨비뿐 아니라 메뚜기들은 위험한 순간에 뒷다리를 스스로 떼어 내고 도망치는 습성이 있어요. 야외에서 관찰하다 보면 외다리를 가진 방아깨비와 메뚜기를 많이 볼 수 있는 것이 바로 이런 이유 때문입니다.

겨울에도 곤충을 만날 수 있다!

개미와 베짱이의 이솝우화를 보면 겨울에 개미는 땅 속에서 편히 지내는데, 베짱이는 덜덜 떨다가 개미집으로 구걸하러 찾아옵니다. 겨울이 오면 곤충들은 진짜 그럴까요?

대부분의 곤충은 겨울에는 꼼짝하지 못합니다. 곤충은 외부의 온도가 떨어지면 몸의 온도도 같이 떨어져서 거의 움직이지도 않아요. 최소한의 에너지만 쓰면서 버텨 내는 것이지요. 그래서 가능하면 덜 추울 곳을 찾아 겨울이 오기 전에 미리 떠난답니다. 곤충은 자신의 성장 과정 가운데 추위에 가장 잘 견딜 수 있는 형태로 겨울을 납니다. 예를 들어 무당벌레는 어른벌레, 메뚜기 무리는 알, 호랑나비는 번데기로 겨울을 나는 거예요. 물론 예외도 있어요. 각시메뚜기처럼 다른 메뚜기와 달리 저 혼자 어른벌레로 나는 것도 있지요.

1. 겨울 곤충 관찰하기

겨울이라고 해서 매일 영하의 날씨만 이어지는 것은 아닙니다. 특히 12월 달이나 2월경에는 그나마 덜 추운 날들이 많지요. 바람이 잠잠하고, 햇살이 좋은 날을 골라 시골 마을 주변을 돌아보세요. 시골 집 주변은 곤충들이 겨울나기 좋은 장소입니다. 그래도 한 시간도 못 되어 한기가 느껴지므로 겨울에 곤충을 보러 나가려면 무엇보다 보온성이 높은 옷과 신 등을 갖추어야 해요. 그리고 꼭 그 지역을 잘 아는 어른과 함께 해야 합니다. 어디에서나 혼자는 위험할 수 있습니다.

추위 속의 곤충과 곤충이 지나간 흔적

한겨울 가까이 있는 시골 마을을 찾아가거나 주변의 뒷산에 가 보면 나뭇잎이 거의 다 떨어진 겨울의 숲이 멀리서도 그 안까지 잘 들여다보여요. 이럴 때 다녀 보면, 곤충들이 겨울을 나는 모습을 찾아 볼 수 있어요. 또한 이파리가 무성하고 따스할 때 살아갔던 곤충의 흔적들도 여기저기서 볼 수 있답니다. 춥다고 집 안에 웅크려 있지만 말고 동네 한 바퀴를 돌아보세요.

안락한 환경을 찾아간 곤충

겨울의 혹독한 환경을 피해 어떤 곤충은 돌 밑이나 나무껍질 틈, 낙엽이나 밭에 버려진 식물 잔해, 썩은 나무 속 등 좀 더 안락한 환경을 찾아갑니다. 이런 곳 중에서 돌 틈이나 나무

돌 밑에서 월동하는 먼지벌레

껍질 같은 곳은 우리 주변에서도 비교적 쉽게 찾을 수 있지요. 그런 곳이 바로 겨울 곤충을 관찰하기도 괜찮은 곳이에요. 반면에, 썩은 나무는 나무 속을 뜯어 내야 곤충을 볼 수 있는데, 그렇게 하면 곤충이 사는 공간을 완전히 망가뜨리기 때문에 초보자가 관찰하기에는 적당하지 않습니다.

2. 겨울을 함께 나려고 모이는 무당벌레

10월 말에서 11월 초부터 날씨가 쌀쌀해집니다. 어디에선가 무당벌레가 나타나 건물 주위로 모여들기 시작하지요. 특히 산 속에 있는 흰색의 집이나 주변에서 도드라지게 눈에 띄는 건물은 무당벌레가 잘 모이는 건물이에요. 무당벌레들은 어디에서 모일지 미리 약속해 둔답니다.

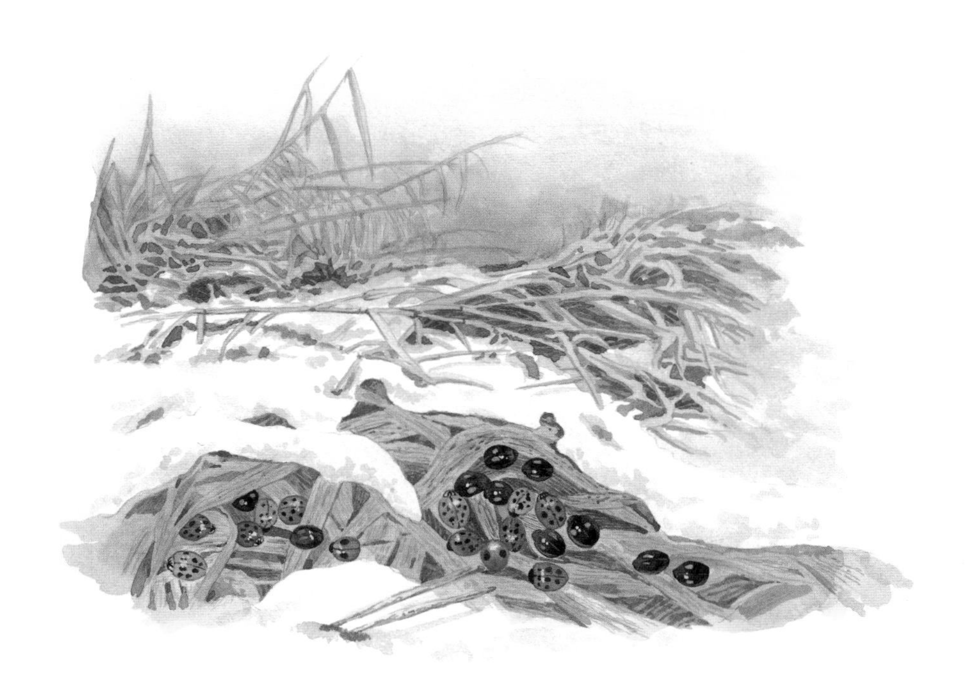

무당벌레의 약속 장소

늦가을이 오기 전에 아빠나 엄마와 자주 다니던 길목에서 무당벌레가 모일 만 한 장소를 미리 찾아보세요. 여러 곳을 후보로 뽑아 놓고, 차례로 방문해 보아요. 자신이 예상했던 장소가 진짜 무당벌레의 약속 장소가 되는지 맞혀 보는 것도 재미있습니다.

방문할 때는 그 날의 날씨가 매우 중요합니다. 대개 낮 최고 기온이 15℃ 정도 되는 바람 약한 날이 좋습니다. 오전 10시를 넘어서부터 한두 마리씩 모이기 시작하지만, 정오를 넘어서면서 수없이 많은 무당벌레들이 떼를 이룬답니다.

이렇게 모이는 무당벌레들은 숫자는 많지만, 종류는 대개 두 가지입니다. 무늬의 변이가 많아서 마치 십여 종 이상이나 되는 듯이 보일 뿐이에요. 무당벌레는 여러 날에 걸쳐서 모여들다가, 어느 날 소리 소문도 없이 겨울을 날 장소로 함께 사라집니다. 주로 산꼭대기의 큰 바위 틈이나 건물의 헛간 같은 온도 변화가 적은 곳에서 떼로 모여 겨울을 납니다.

9 이 땅에서 지켜 내야 할 곤충

곤충의 숫자가 많다고 아무 종류나 다 채집해서 볼 수 있는 것은 아니에요. 우리가 자연 환경을 파괴하는 바람에 그 수가 빠르게 줄어든 곤충 친구들이 많아요. 그래서 나라에서는 이들을 보호하고 원래의 상태로 돌리려는 노력을 하고 있어요. 환경부라는 정부 조직에서 멸종위기의 야생동식물을 지정하여 보호하고 있고, 문화부에서는 천연기념물을 지정하여 보호하고 있습니다. 요즘에는 지방자치 단체마다 보호 대상종을 지정하는 경우도 많아요. 그러니 자기 고장에서 보호하고 있는 곤충이 무엇인지 꼭 알아두는 것이 좋겠지요?

물 속에 잠긴 장수하늘소의 고향

사진 속의 비석엔 '천연기념물 제75호 춘성의 장수하늘소 발생지'라 씌어 있습니다. 즉, 장수하늘소가 춘성(지금의 춘천)에 살았다는 표시를 한 것입니다. 그렇지만 원래 장수하늘소가 살았던 곳은 춘천댐을 만들면서 물 속에 잠겼고, 지금은 비석만 그 곳에서 옮겨져 춘천의 추곡약수터 입구에 외로이 빛 바랜 채 남아 있습니다.

법으로 보호되는 곤충들

멸종위기야생동식물보호법으로 약 20종의 곤충이 보호받고 있고, 천연기념물법으로는 3종이 관련되어 있어요. 이 종들은 전국 어디서든지 채집하면 안 돼요. 만일 이것을 어기면 법에 따라서 처벌을 받아요.

천연기념물 가운데 특정한 삶터만 보호받는 것도 있어요. 반딧불이가 그 예인데, 그들의 여러 삶터 중에서 전라북도 무주 지역만 특정 장소로 법으로 보호받는 거예요. 그 밖의 장소에서는 반딧불이를 잡아서 보고 관찰해도 괜찮아요.

장수하늘소

또한 장수하늘소와 산굴뚝나비는 천연기념물이면서 멸종위기야생동식물이라서 두 가지 법에서 모두 보호받는 귀중한 존재예요.

그러므로 곤충과 무조건 친해지겠다고 다가가도 문제가 될 수 있어요. 우리들의 환경이 많이 파괴될수록 자연을 지키려는 법도 많이 생기는 것이지요. 법도 지키면서 자연을 즐기며 곤충과 친구가 되어야 해요.

멸종위기야생동식물보호법으로 보호되는 곤충

목명	종명	멸종위기 야생동식물 I급	멸종위기 야생동식물 II급
잠자리목	꼬마잠자리		○
집게벌레목	고려집게벌레		○
노린재목	물장군		○
딱정벌레목	닻무늬길앞잡이		○
	주홍길앞잡이		○
	멋조롱박딱정벌레		○
	소똥구리		○
	애기뿔소똥구리		○
	두점박이사슴벌레	○	
	수염풍뎅이	○	
	큰자색호랑꽃무지		○
	비단벌레		○
	울도하늘소		○
	장수하늘소	○	
나비목	붉은점모시나비		○
	상제나비	○	
	깊은산부전나비		○
	쌍꼬리부전나비		○
	왕은점표범나비		○
	산굴뚝나비	○	
5목	20종	5종	15종

나만의 관찰 일기

표를 만들어 일목요연하게 관찰 일기를 쓰는 것도 좋지만, 일기를 쓰듯이 또는 한 장면을 묘사하듯이 관찰 일기를 쓰면 나중에 읽을 때 더 재미있습니다. 일기마다 제목도 멋지게 지어 보아요. 다음은 곤충 연구를 하시는 선생님의 글입니다.

자연 체험의 추억 : 한밤의 장수풍뎅이

1984년 8월 초 강원도 점봉산에 곤충 조사를 갔을 때이다. 밤 곤충을 조사하려고, 수은등 불빛을 켜고 있었다. 나방들이 얼마나 많았는지 옷의 깃과 소매를 잘 여며야 했다. 옷 속으로도 나방들이 사정없이 파고들었다.

그런데 10시 반 경이 되었을 즈음 마치 헬리콥터가 날아오는 것 같은 소리가 났다. 뭔 소린가 하며 고개를 갸우뚱하는데, 선배님이 "장수풍뎅이다!" 했다. 장수풍뎅이는 마침내 탁! 하고는 둔탁한 소리를 내면 땅에 박히듯이 떨어졌다. 비행기처럼 가만히 내려오질 못하고, 그렇게 곤두박질치며 떨어져 내리는 것이다. 손전등을 비춰 보니 6cm가 넘는 아주 큰 장수하늘소였다. 그 때가 자연 속에서의 장수풍뎅이를 처음 본 때였다.

원래 장수풍뎅이는 남부 지방에 가면 지금도 비교적 흔히 만날 수 있다고 한다. 그렇지만 중북부 지역인 점봉산에서 그렇게 큰 개체를 만난 것은 매우 큰 행운이었다. 지금도 야간 조사를 할 땐 그 날의 장수풍뎅이와 같은 곤충 친구를 만날 수 있지 않을까 기대하곤 한다.

날짜

날씨

제목

날짜 .... 날씨 ....

제목 ....

날짜 ______ 날씨 ______

제목 ______

날짜 .... 날씨 ....

제목 ....

날짜 ------------------------------ 날씨 ----------

제목 --

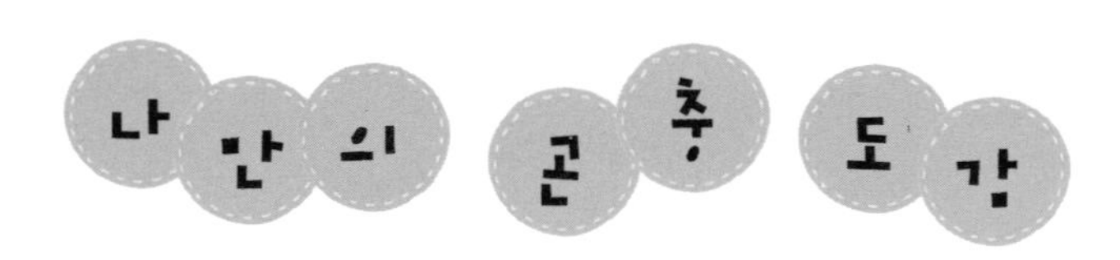

다음 빈칸에 해당 무리의 대표 곤충을 찾아서 그림을 그려 보세요. 나만의 곤충 도감이 완성될 거예요.

하루살이무리

어른벌레의 수명이 매우 짧아 하루살이라고 부릅니다. 몸은 가늘며 매우 부드럽고 약하게 생겼어요. 앞날개와 뒷날개 모두 연약한 날개로 삼각형 모양을 해요. 특히 앞날개는 매우 크지만 뒷날개는 상대적으로 작아서 특이해 보입니다. 또한 배 끝에는 2~3개의 긴 꼬리털(미모)을 갖고 있어 더 날씬해 보여요.

잠자리무리

얇은 날개의 표면은 촘촘한 그물로 짜여 있어요. 앞날개와 뒷날개의 길이가 거의 같아 보입니다. 머리에 달린 눈은 왕눈이로 매우 커요. 대신에 더듬이는 짧아 마치 털처럼 보입니다. 가슴에 비해 배가 홀쭉하고 길어 마치 꼬리처럼 보여요. 애벌레는 물 속에서 삽니다. 그래서 어른 잠자리도 물가에서 더 흔하게 보입니다.

바퀴무리

몸은 매우 납작하고 평평하면서 기름칠을 한 듯 윤이 나요. 그리고 차 바퀴처럼 빠르게 기어가 바퀴라고 해요. 긴 채찍 모양의 더듬이로 끊임없이 바닥을 더듬어요. 날개는 다소 단단해 보이며 서로 포개져서 몸을 덮습니다. 보통 집에만 사는 걸로 아는데, 야외에서만 사는 종류도 있습니다.

사마귀무리

삼각형으로 생긴 머리는 먹이를 쉽게 찾을 수 있도록 좌우 회전이 쉽습니다. 마치 긴 목처럼 보이는 앞가슴은 몸을 곧추 세울 수 있는 지지대 역할을 해요. 굵고 강한 앞다리에는 가시들이 많이 나 있어 먹이를 잡는 데 이용합니다.

메뚜기무리

앞과 가운뎃다리에 비하여 뒷다리가 유달리 길고 강한 모습입니다. 두터운 앞날개가 곧게 뻗어 배를 가지런히 덮고 있어요. 겹눈이 매우 큰 편이면서, 입이 아래쪽을 향하고 있어 머리가 위아래로 길어 보입니다. 벼메뚜기, 여치, 귀뚜라미, 땅강아지 등이 모두 메뚜기무리에 속합니다.

노린재무리

대개 잡으면 노린 냄새를 풍깁니다. 입은 침처럼 찌르고 빨 수 있도록 뾰족하게 생겼어요. 앞날개의 위쪽 반은 딱지처럼 단단한 반면에 아래쪽 반은 얇은 막 모습을 갖고 있어요. 대부분의 종류가 식물의 즙액을 주로 빨아먹으나, 일부는 다른 곤충이나 동물의 체액을 빨아먹습니다. 물에 사는 송장헤엄치게, 소금쟁이, 게아재비, 장구애비, 물자라 등도 노린재무리랍니다.

매미무리

노린재무리처럼 입이 침 구조로 되어 있어 식물의 즙액을 빱니다. 하지만 날개 전체가 같은 막으로 일정해요. 매미만 생각하기 쉽지만, 매미충, 거품벌레, 심지어 떼로 식물의 즙액을 빠는 진딧물도 매미무리입니다.

딱정벌레무리

몸 전체가 모두 딱딱해 보입니다. 특히 앞날개가 딱딱한 딱지날개로 변형되어 있어요. 그렇지만 그 아래의 뒷날개는 막으로 된 얇은 날개랍니다. 길앞잡이, 물방개, 무당벌레, 잎벌레, 거저리, 하늘소, 바구미 등 곤충 가운데 가장 다양한 종류들을 품고 있습니다.

나비무리

커다란 4장의 날개를 펄럭여요. 날개의 표면은 미세한 비늘로 덮여 있어요. 날개를 만지면 손에 반짝이는 가루가 묻어나는 것을 볼 수 있는데 그것이 바로 비늘가루예요. 입은 말린 대롱처럼 되어 있어요. 우리가 흔히 아는 나비와 나방이 모두 여기에 속한답니다.

벌무리

얇은 막으로 된 2쌍의 날개를 갖고 있어요. 특히 앞날개와 뒷날개가 미세한 고리로 연결되어 있어서 날 때 함께 움직입니다. 많은 종의 암컷은 산란관이 침으로 변형되어 쏘면 아프답니다. 주로 허리가 짤록한 종류로 대표 곤충으로는 말벌, 개미, 꿀벌, 호리병벌 등이 있어요. 그렇지만 허리가 굵고 뚱뚱한 잎벌도 있답니다.

파리무리

파리무리는 앉아 있을 때 보면, 단지 1쌍의 날개만 있는 것처럼 보여요. 뒷날개가 매우 작은 곤봉이나 부채처럼 축소되었기 때문입니다. 이런 뒷날개를 평형곤이라고 하는데 날 때 몸의 균형을 잡는 데 사용한답니다. 대표 곤충으로 모기, 꽃등에, 파리매, 집파리 등이 있어요.

32쪽 문제의 정답

참고도서

김진일, 『우리 곤충 백 가지』 (현암사)

김태우, 『아이들과 함께 떠나자, 신기한 곤충 세계로』 (알음)

박해철, 『딱정벌레』 (다른세상)

박해철, 『이름으로 풀어보는 우리나라 곤충이야기 1』 (북피아주니어)

백운하 외, 『해충학 : 신고』 (향문사)

원두희 · 권순직 · 전영철, 『한국의 수서곤충』 (생태조사단)

이영준, 『매미박사 이영준의 우리 매미 탐구』 (지오북)

이한일, 『위생 곤충학』 (고문사)

E.하워드 에번스, 『곤충의 행성』 (사계절)